Meine kleinen Katzen

Text von Natacha Fradin
Fotos von der Agentur Cogis

esslinger

Bei der Geburt sind die Augen der Kätzchen noch ganz blau.

Nicht so hoch, kleine Katze: Du musst auch wieder hinunter.

Die Katze wäscht ihr Junges mit ihrer rauen Zunge.

Vorsichtig **trägt** sie das Kleine am Nackenfell.

Jedes Katzenbaby hat seine eigene Zitze zum Trinken.

Wenn sie groß sind, schlecken sie die Milch aus einer Schale.

Ein Entchen! Neugierig **entdeckt das Kätzchen die Umgebung**

Manchmal werden **Hund** und Katze richtig gute Freunde.

Durch die **Katzenklappe** kann die Katze jederzeit ins Haus.

Kleine Kätzchen spielen mit allem, was sie finden können.

Mit dem getigerten **Fell** kann sich die Katze gut verstecken.

Im Winter bekommen Katzen längeres und dichteres Fell.

Für die Katze sind Goldfische eine feine Vorspeise.

Aufgepasst! Dort oben fliegt ein leckerer kleiner Vogel.

Welch ein Akrobat! Katzen fallen immer wieder auf ihre Füß

Katzen sind wasserscheu. Sie setzen sich lieber ans Ufer.

Die Katze reibt sich am Holz, um ihr Revier zu markieren.

anchmal **streiten** sich zwei Kater darum, wer das Sagen hat.

In ihrem Versteck schlagen die Kätzchen Purzelbäume.